Niko 4

Arbeitsheft Fördern und Inklusion

Erarbeitet von
Anne Chachaj-Steinborn (Nordrhein-Westfalen)

Ernst Klett Verlag
Stuttgart · Leipzig

Inhalt

Miteinander lernen — 4

Satzarten	(Aa?)	4
Nomen	(Aa?)	5
Geschlecht von Nomen	(Aa?)	6/7
Nomen für Gefühle und Gedanken	(Aa?)	8/9

Gesund und munter — 10

Nach kurzem Selbstlaut: ck oder tz		10
Wortbausteine -ung, -nis, -heit, -keit	(Aa?)	11
Wortfamilien		12
Gegenwart und Vergangenheit		13
Einen Bericht schreiben		14/15

Du und ich und wir — 16

Nach langem Selbstlaut: ß	(M)	16
Gegenwart und Vergangenheit		17
Zukunft		18/19
Einen Text über meine Zukunft schreiben		20/21

Traumhaft und fantasievoll — 22

Mit Adjektiven beschreiben und vergleichen	22
Adjektive steigern	23
Adjektive mit -isch, -sam, -haft, -bar, -los	24
Wörtliche Rede	25
Eine Lügengeschichte schreiben	26/27

Der Natur auf der Spur — 28

Wörter mit ss und ß		28
Merkwörter mit chs, ks und x	(M)	29
Subjekt und Prädikat		30
Satzglieder		31
Eine Fantasiegeschichte schreiben		32/33

Bei uns und anderswo — 34

Wörter mit Eu/eu	34
Wörter mit Pf/pf	35
Zeit- und Ortsbestimmung	36/37
Eine Bauanleitung schreiben	38/39

Unsere Erde, unser Zuhause — 40

Fehlertexte	(◡) (Aa?) (⚡) (↷)	40/41
Eine Reizwortgeschichte schreiben		42/43
Zu einem Bild schreiben		44/45

Bücherwurm und Computermaus — 46

Werbung ausdenken und gestalten		46
Teekesselchen		47
Einen persönlichen Steckbrief schreiben		48/49
Texte überarbeiten		50
Langes i ohne Markierung	(M)	51

Durch das Jahr — 52

Feste und Feiertage	52
Winter: Eine Mindmap erstellen	53
Frühling: Elfchen schreiben	54
Sommer: Gedicht vortragen	55

Zeitformen und Texte	56

Hugo erklärt die Piktogramme:

Erklärung für die Farbunterlegungen
des Inhaltsverzeichnisses

Inhalte aus den Kompetenz-
bereichen „Richtig schreiben"
sowie „Sprache und
Sprachgebrauch untersuchen"

Inhalte aus dem Kompetenz-
bereich „Texte verfassen"

Ich bin Hugo Hörnchen.
Ich gebe dir Tipps.

Ich bin Niko,
Hugos Freund.

Miteinander lernen

Satzarten

Am Satzanfang schreibe ich immer groß.
Am Ende eines Aussagesatzes steht ein Punkt (.).
Am Ende eines Fragesatzes steht ein Fragezeichen (?).
Am Ende eines Ausrufesatzes oder Aufforderungssatzes steht ein Ausrufezeichen (!).

1 Male die Sätze in der richtigen Farbe an.

Du hängst die Jacke auf.	Welche Jacke gehört dir?
Häng die Jacke auf!	Hängst du die Jacke auf?
Super!	Pass auf!

. Aussagesatz: rot

? Fragesatz: blau

! Ausrufesatz oder Aufforderungssatz: grün

 **2** Lies die Sätze.
Setze die fehlenden Satzschlusszeichen ein.

Frau Simon schreibt etwas an die Tafel ☐

Ali schreit: „Viel zu viel ☐ "

Mila meldet sich ☐

Sie fragt: „Müssen wir das alles heute machen ☐ "

Frau Simon sagt: „Nein, bis Montag ☐ "

Ole ruft: „Toll ☐ "

Nomen

1 Was weißt du bereits über Nomen?
Kreuze die richtigen Antworten an.

| ☐ Nomen schreibe ich groß. | ☐ Nomen schreibe ich klein. | ☐ Nomen erkenne ich am Artikel. |

2 Lies die Sätze.
Markiere alle Nomen im Text.

Der Klassenrat tagt.

Timo und Sinan schlagen ein Fußballspiel vor.

Rasmus schlägt eine Wanderung vor.

Lotte will ein Kürbisfest machen.

Sie hat ein Rezept für Kürbissuppe.

Jedes Kind hat einen Vorschlag.

> Es sind 12 Nomen.

3 Schreibe die Nomen in der Mehrzahl oder Einzahl auf.

 der Fußball →  die Fuß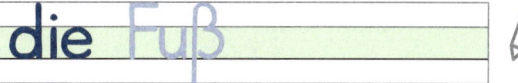

 das Schaf →  die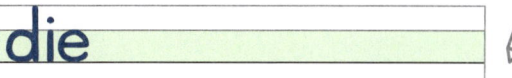

 ← die Züge

  ← die Blumen

→ SB S. 9   → AH S. 9/10

Geschlecht von Nomen

Nomen (Namenwörter) haben ein **Geschlecht**.
Du erkennst es an dem Artikel (Begleiter) vor dem Nomen:

männlich = der   weiblich = die   sächlich = das

der Mann   die Frau   das Kind

1 Ordne die Artikel **der**, **die**, **das** richtig zu.

männlich →

weiblich →

sächlich →

2 Verbinde den Artikel mit dem richtigen Bild.

 1 Male die Wortkarten in der richtigen Farbe an: der, die, das.

Hund	Schwein	Maus
Pferd	Katze	Tiger
Kuh	Hahn	Huhn

2 Schreibe die Nomen aus Aufgabe 1 mit Artikel auf.

der Hund,

_____

_____

_____

_____

3 Schreibe den richtigen Artikel vor das Nomen.

_____ Fenster

_____ Tisch

_____ Banane

_____ Hose

7

Nomen für Gefühle und Gedanken

Wörter, die **Gefühle** und **Gedanken** beschreiben,
sind auch **Nomen** (Namenwörter). Ich schreibe sie groß:

das Glück, der Neid, die Idee, das Problem.

1 Schreibe die richtigen Nomen in die Sätze.

Freude

Glück

Angst

Wut

Hugo lacht vor

Hugo kocht vor

Hugo strahlt vor

Hugo zittert vor

....

2 Markiere die vier Nomen.

| der Neid | singen | der Frieden | der Wunsch |
| ruhig | die Liebe | werfen | neidisch |

1 Verbinde die Gefühle und Gedanken mit dem richtigen Bild.

der Hunger   der Stolz

die Idee   das Geheimnis

2 Wie heißt das Gefühl?
Schreibe die richtigen Nomen in die Sätze.

Angst   Mut   Langeweile   Hoffnung

Ich habe _____, wenn ich mich
vor etwas fürchte.

Ich habe _____, wenn ich mich etwas traue.

Ich habe _____,
wenn ich nichts zu tun habe.

Ich habe _____,
wenn ich glaube, dass etwas wieder gut wird.

Gesund und munter

Nach kurzem Selbstlaut: ck oder tz

> Höre ich nach einem kurz gesprochenen Selbstlaut ein **k**, schreibe ich meist **ck**: der Wecker, schmecken.
>
> Höre ich nach einem kurz gesprochenen Selbstlaut ein **z**, schreibe ich meist **tz**: die Hitze, blitzen.

1 Setze **ck** ein.

Schne___e   Ja___e   Ru___sa___   We___er

2 Setze **tz** ein.

Ka___e   Ne___   Ta___e   Bli___

3 Lies die Sätze. Setze **ck** und **tz** richtig ein.

Eine Schne___e si___t in der E___e.

Alle Ka___en haben Ta___en.

Nach der Hi___e kommen Donner und Bli___e.

4 Markiere die kurz gesprochenen Selbstlaute vor **ck** und **tz** mit einem • .

Wortbausteine -ung, -nis, -heit, -keit

Mit den Wortbausteinen **-ung**, **-nis**, **-heit**, **-keit** kann ich
Nomen (Namenwörter) bilden:

erzählen → die **E**rzähl**ung**,   **w**andern → die **W**ander**ung**.

1 Welche Wörter gehören zusammen? Verbinde.

hindern	die Müdigkeit
faul	die Erholung
müde	das Hindernis
erholen	die Faulheit

2 Schreibe das verwandte Nomen daneben.

die Bewegung   das Geheimnis

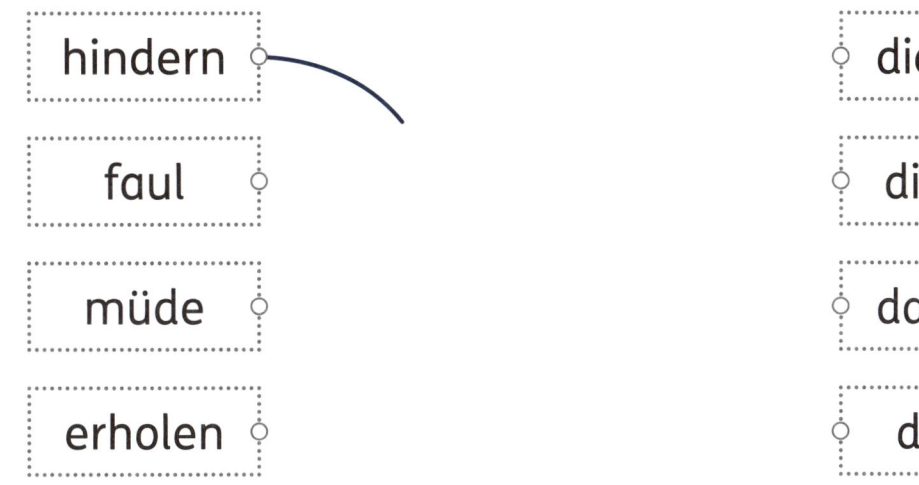

die Fröhlichkeit   die Gesundheit

bewegen → die Beweg

gesund → die Ges

geheim → das

fröhlich → die

Wortfamilien

Wörter mit gleichem oder ähnlichem Wortstamm gehören zu einer **Wortfamilie**:

fühlen, Gefühl, gefühllos, …

1 Lies den Text.

Sinan und Mila streiten sich um das Fußballfeld.

Sinan bestreitet, dass Mädchen auch

Fußball spielen können.

Der Streit wird immer heftiger.

Deshalb gehen Sinan und Mila

zu den Streitschlichtern.

2 Suche die vier Wörter mit dem Wortstamm -streit-. Umkreise ihn.

3 Bilde Wörter mit dem Wortstamm -stell-. Verbinde.

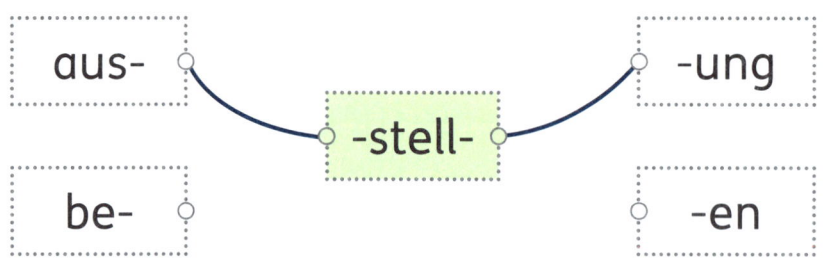

aus-   -ung

-stell-

be-   -en

*Wörter mit **-ung** sind Nomen. Ich schreibe sie groß.*

4 Schreibe die Wörter aus Aufgabe 3 auf. Umkreise den Wortstamm -stell-.

die Ausstellung,

Gegenwart und Vergangenheit

Verben (Tunwörter) geben an, in welcher **Zeit** etwas geschieht.

Gegenwart (jetzt): ich lerne   Vergangenheit (früher): ich lernte

1 Markiere die vier Verben in der Vergangenheit.

Noriko ging zum Klavierunterricht.

Ole lief mit seinem Hund in den Wald.

Nina fuhr mit ihrem Fahrrad.

Niko traf Hugo auf dem Fußballplatz.

2 Schreibe die Verben aus Aufgabe 1 in die linke Spalte der Tabelle.
Ergänze die Verben in der Gegenwart.

Vergangenheit (früher)	Gegenwart (jetzt)
ging	gehen

3 Markiere nur die Verben in der Vergangenheit.

er steht   er stand   ich rannte   ich renne

→ SB S. 29   → AH S. 20/21

Einen Bericht schreiben

So **schreibe** ich einen **Bericht**:
- Ich beantworte alle **W**-Fragen: **Wann?**, **Wo?**, **Wer?**, **Was?**, **Wie?**, **Welche Folgen?**.
- Ich halte die Reihenfolge ein.
- Ich schreibe die Sätze in der Vergangenheit.
- Die Überschrift nennt das Ereignis.

 1 Schau dir die Bilder genau an. Erzähle, was du siehst.

Oktober **7** 7.30 Uhr

Wann? –
Wo? –
Wer? – ein Mädchen,
ein kleiner Junge
Was? Wie?
Welche Folgen? –

 **2** Lies. Kreuze an, welcher Text ein Bericht ist.

Unfall
☐

- Mädchen fuhr mit Rad zur Schule
- mit Handy gespielt
- nicht aufgepasst
- einen Jungen umgefahren
- Mädchen half dem Jungen
- nichts weiter passiert
- dann zusammen zur Schule gegangen

Fahrradunfall
☐

Ein Mädchen fuhr am 7.10. um 7.30 Uhr auf dem Radweg zur Schule. Sie spielte mit ihrem Handy und passte nicht auf. Am Zebrastreifen fuhr sie einen Jungen um. Sie half dem Jungen. Es war nichts weiter passiert. Danach gingen sie gemeinsam zur Schule.

 1 Verbinde die W-Fragen mit der richtigen Antwort.

| **Wann?** | **Wo?** | **Wer?** |

Am Zebrastreifen fuhr sie einen Jungen um.

Ein Mädchen fuhr **einen Jungen** um.

am 7.10. um 7.30 Uhr

2 Setze die Verben richtig in den Bericht ein.

| fuhr | spielte | fuhr | gingen | half | war |

Fahrradunfall

Der Bericht auf Seite 14 hilft dir.

Ein Mädchen _____ am 7.10. um

7.30 Uhr auf dem Radweg zur Schule.

Sie _____ mit ihrem Handy und

passte nicht auf. Am Zebrastreifen _____

sie einen Jungen um.   Sie _____ dem Jungen.

Es _____ nichts weiter passiert.

Danach _____ sie gemeinsam zur Schule.

Du und ich und wir

Nach langem Selbstlaut: ß

Ein **ß** steht nur **nach** einem **lang gesprochenen** Selbstlaut (a, e, i, o, u), Umlaut (ä, ö, ü) oder Zwielaut (au, ei, eu, ie): gro**ß**, die Gr**üß**e, b**eiß**en.

 **1** Lies. Setze die Wörter richtig ein.

| groß | Schoß | Soße | Späße |

Mutter erzählt Ole:

„Bei deiner Geburt warst du 53 cm _____ .

Du hast gern auf Opas _____ gesessen.

Er hat immer _____ mit dir gemacht.

Du hast gern Nudeln mit _____ gegessen."

 2 Markiere **ß** in den Wörtern aus Aufgabe 1.

 3 Verbinde die Reimpaare.

| das Floß | beißen | der Gruß |

| der Fuß | der Stoß | reißen |

 4 Markiere die lang gesprochenen Selbstlaute und Zwielaute vor **ß** mit einem —.

Gegenwart und Vergangenheit

  1 Was geschah in der Vergangenheit?
Kreuze an.

☐ Mein Opa **ist** Traktor **gefahren**.

☐ Mein Opa fährt Traktor.

☐ Er **hat** das Getreide **geerntet**.

☐ Er erntet das Getreide.

☐ Meine Oma hat die Kühe gefüttert.

☐ Meine Oma füttert die Kühe.

jetzt   früher

2 Markiere in Aufgabe 1 alle Verben in der Vergangenheit.

  3 Schreibe die Verben in der Vergangenheit auf.

Gegenwart (jetzt)	Vergangenheit (früher)
er schneidet	er hat geschnitten
er erntet	er hat ge
sie arbeitet	sie hat
es wächst	es ist
er fährt	er ist

→ SB S. 42   → AH S. 30

Zukunft

Passiert etwas später oder in nächster Zeit, steht das Verb (Tunwort) in der **Zukunft**.

Gegenwart (jetzt): ich fliege   Zukunft (später): ich werde fliegen

1 Was wird in der Zukunft geschehen? Kreuze an.

☐ Ich **werde** mit dem Flugzeug **reisen**.

☐ Ich **werde** Feuer **löschen**.

☐ Ich **werde** Menschen **retten**.

☐ Ich reise mit dem Flugzeug.

☐ Ich **werde** auf den Mond **fliegen**.

☐ Ich fliege zum Mond.

2 Markiere in Aufgabe 1 alle Verben in der Zukunft.

3 Setze **werden** und **werde** richtig ein.

Wir _____ bald in den Urlaub fliegen.

Wir _____ bald ein Lied vorsingen.

Wir _____ später um die Wette rennen.

In 30 Jahren _____ ich berühmt sein.

Wenn ich groß bin, _____ ich forschen.

1 Schreibe die Wortgruppen in der Zukunft auf.

ich lebe → ich werde leben

ich fahre → ich werde

ich arbeite → ich

ich fliege →

2 Lies. Markiere die vier Verben in der Gegenwart.

Heute

Ich lebe in einem Haus.

Ich fahre ein rotes Auto.

Ich arbeite als Pilot.

Ich fliege ein Flugzeug.

Die Verben aus Aufgabe 1 helfen dir.

3 Schreibe den Text aus Aufgabe 2 in der Zukunft auf.

In 30 Jahren

Ich werde in einem Haus

Einen Text über meine Zukunft schreiben

So **schreibe** ich einen **Text über meine Zukunft:**
- Ich halte die Zeitform „Zukunft" ein.
- Ich gebe Ort und Datum an.
- Ich schreibe meinen Namen unter den Text.

1 Lies.
Markiere den Namen des Kindes, den Ort und das Datum im Text.

> Wiesenstadt, 17.11.
>
> In 30 Jahren werde ich in einer Wohnung leben.
>
> Ich werde mit einem roten Sportwagen zur Arbeit fahren.
>
> Als Pilotin werde ich ein Flugzeug fliegen.
>
> Ich werde nach Afrika und in viele Länder fliegen.
>
> Ich freue mich auf meine Zukunft.
>
> Mila Lehmann

2 Lies.
Markiere die Verben, die in der Zukunft stehen.

> Wiesenstadt, 17.11.
>
> In 30 Jahren werde ich in einem Haus leben.
>
> Ich werde zwei Kinder haben.
>
> Ich werde als Feuerwehrmann arbeiten.
>
> Bei Alarm werde ich Feuer löschen.
>
> Mit meinen Kindern werde ich Fußball spielen.
>
> Ali Yilmaz

  1 Was wirst du in 30 Jahren machen?
Schreibe einen Text über deine Zukunft.

Ort/Datum:

In 30 Jahren werde ich in

leben.

Ich werde als

arbeiten.

Dort werde ich

In meiner Freizeit werde ich

Name:

  2 Male ein Bild dazu.

Traumhaft und fantasievoll

Mit Adjektiven beschreiben und vergleichen

Adjektive (Wiewörter) **beschreiben**, wie etwas ist oder aussieht:

Der Ball ist **rund**.
der **runde** Ball

Der Ball ist **bunt**.
der **bunte** Ball

 **1** Lies.
Markiere die Adjektive im Text.

| dumm | schlau | dick | listig | schön |

An einem Morgen saß ein Rabe auf einem dicken Ast.

Er hatte ein Stück Käse im Schnabel.

Da kam ein schlauer Fuchs.

Er sagte: „Ich habe gehört, du kannst schön singen?"

Der Rabe fing an zu singen und der Käse fiel herunter.

Der listige Fuchs schnappte sich den Käse und

lachte über den dummen Raben.

 2 Setze die Adjektive richtig ein.

| dumm | schlau | dick |

der _____ Rabe

der _____ Fuchs

der _____ Ast

> Du musst
> ein **e** ergänzen.

Adjektive steigern

Mit **Adjektiven** (Wiewörtern) kann ich **vergleichen**.
Ich kann sie **steigern**:

am schön**sten**

schön**er**

schön

1 Setze die Adjektive richtig ein.

| groß | größer | am größten |

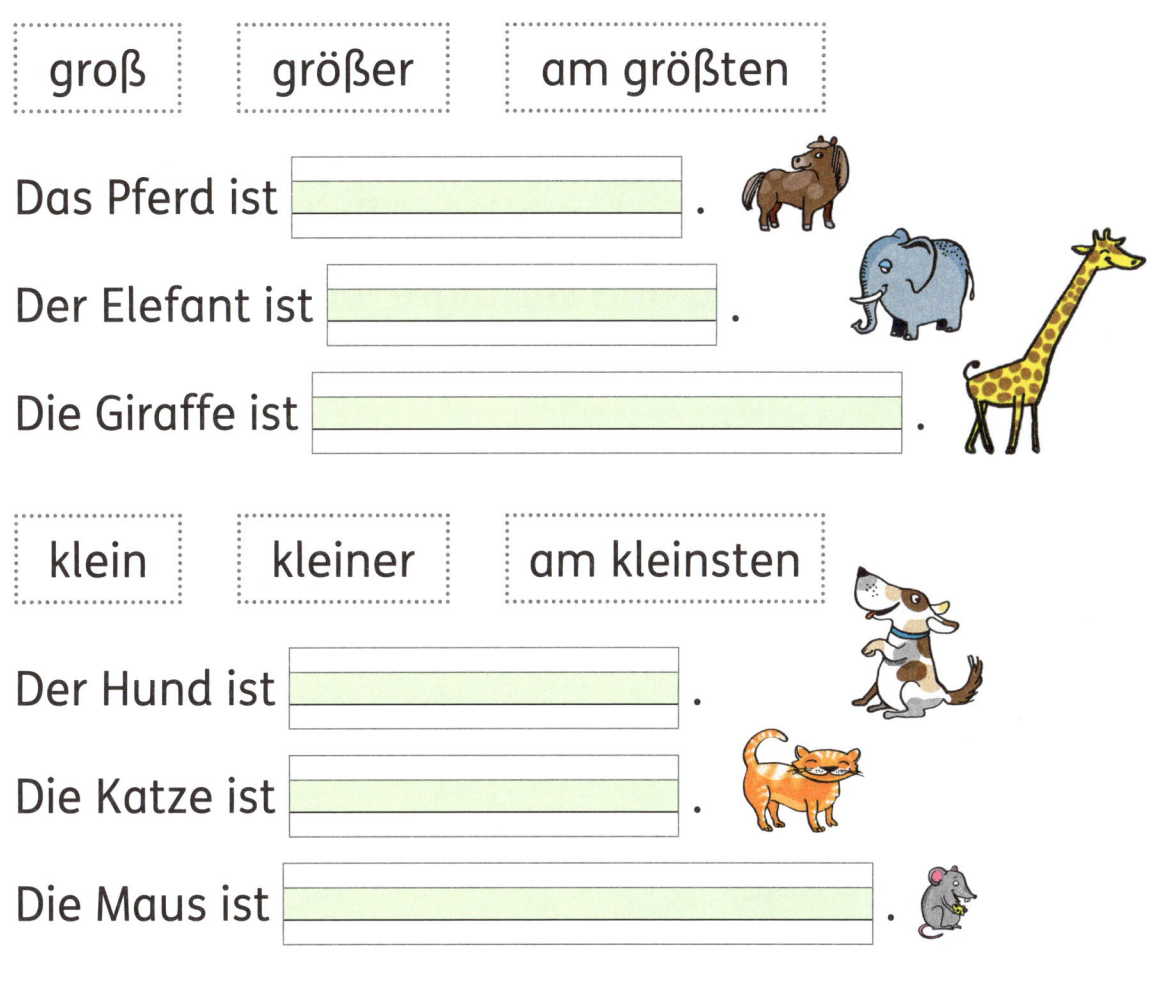

Das Pferd ist _____ .

Der Elefant ist _____ .

Die Giraffe ist _____ .

| klein | kleiner | am kleinsten |

Der Hund ist _____ .

Die Katze ist _____ .

Die Maus ist _____ .

2 Welche Adjektive gehören zusammen? Verbinde.

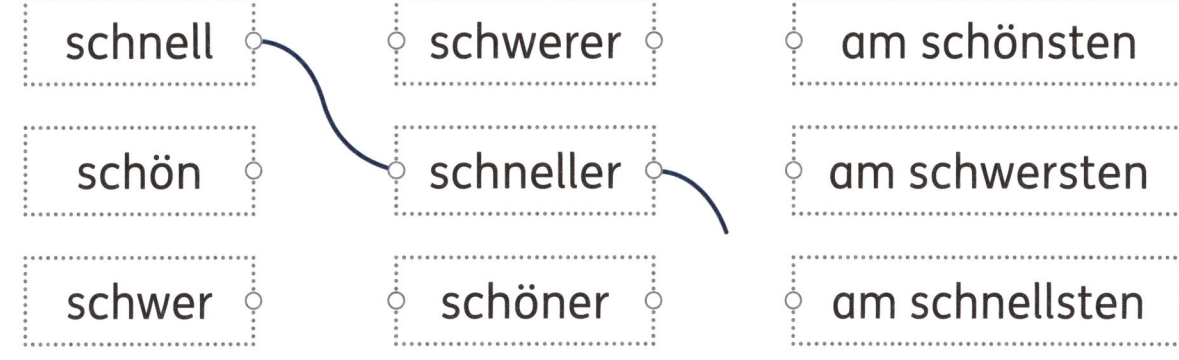

schnell	schwerer	am schönsten
schön	schneller	am schwersten
schwer	schöner	am schnellsten

→ SB S. 54   → AH S. 34

Adjektive mit -isch, -sam, -haft, -bar, -los

Mit **-isch**, **-sam**, **-haft**, **-bar** und **-los** kann ich **Adjektive** (Wiewörter) bilden:

das **K**ind – k**ind**isch, der **S**chein – schein**bar**, der **K**ampf – kampf**los**, ...

1 Lies. Markiere alle Adjektive mit **-isch**, **-sam**, **-haft**, **-bar** und **-los**.

> Es sind sieben Adjektive.

In einer wundersamen Geschichte wird eine rätselhafte Begebenheit erzählt. Münchhausen war ein furchtloser Reiter. Er ging auf die Jagd und verfolgte wachsam einen Hasen. Da kam eine märchenhafte Kutsche. Münchhausen wollte den Hasen nicht aus den Augen verlieren. Deshalb sprang er stürmisch durch die Kutsche hindurch. Ist das nicht furchtbar?

2 Welche Adjektive und Nomen gehören zusammen? Verbinde.

wundersam	das Essen
rätselhaft	das Wunder
furchtlos	der Sturm
essbar	das Rätsel
stürmisch	die Furcht

Wörtliche Rede

Die **wörtliche Rede** steht zwischen **Anführungszeichen „"**.
Steht der Begleitsatz vor der wörtlichen Rede, setze ich einen
Doppelpunkt **:** hinter den Begleitsatz:

Der Storch sagt: „Ich liebe Frösche."

1 Markiere die Begleitsätze.
Setze den Doppelpunkt hinter die Begleitsätze.

Ein Storch trifft auf einen Frosch.

Der Storch sagt   „Ich fresse gern Breitmaulfrösche."

Der Frosch antwortet   „Ich bin ein Spitzmaulfrosch."

Der Storch erwidert   „Dann muss ich weitersuchen."

Steht der Begleitsatz hinter der wörtlichen Rede, trenne ich beide
durch ein Komma **,** . Der Punkt davor entfällt:

„Ich liebe Frösche"**,** sagt der Storch.

2 Markiere jeweils die wörtliche Rede. Setze das Komma dahinter.

„Ich fresse gern Breitmaulfrösche"   sagt der Storch.

„Ich bin ein Spitzmaulfrosch"   antwortet der Frosch.

„Dann muss ich weitersuchen"   erwidert der Storch.

3 Setze die Anführungszeichen und die Kommas.

Ich laufe schneller als du   sagt der Igel zum Hasen.

Du bist nie so schnell wie ich   antwortet der Hase.

Wir laufen um die Wette   schlägt der Igel vor.

→ SB S. 58   → AH S. 36

Eine Lügengeschichte schreiben

So **schreibe** ich eine **Lügengeschichte**:
– Ich darf lügen und die Wahrheit verdrehen.
– Ich schreibe in der richtigen Reihenfolge auf, was passiert.
– Ich schreibe in der ich-Form und in der Vergangenheit.
– Ich finde eine lustige oder spannende Überschrift.

1 Was passiert auf den Bildern? Erzähle.

1 „Oje! Schon 7.45 Uhr! Ich habe verschlafen!"

2 Ich zog mich schnell an und nahm meinen Flugschirm.

3 Mit dem Schirm flog ich in die Schule und alle staunten.

4 Gerade noch pünktlich landete ich auf dem Schulhof.

2 Lies die Textteile.
Verbinde Bild und Satz richtig.

1 Setze die Verben richtig ein.

verschlafen   zog   nahm

flog   staunten   landete

„Oje! Schon 7.45 Uhr!

Ich habe _____ !"

Ich _____ mich schnell an und _____

meinen Flugschirm.

Mit dem Schirm _____ ich in die Schule und

alle _____ .

Gerade noch pünktlich _____ ich

auf dem Schulhof.

Hier stimmen nur zwei Überschriften.

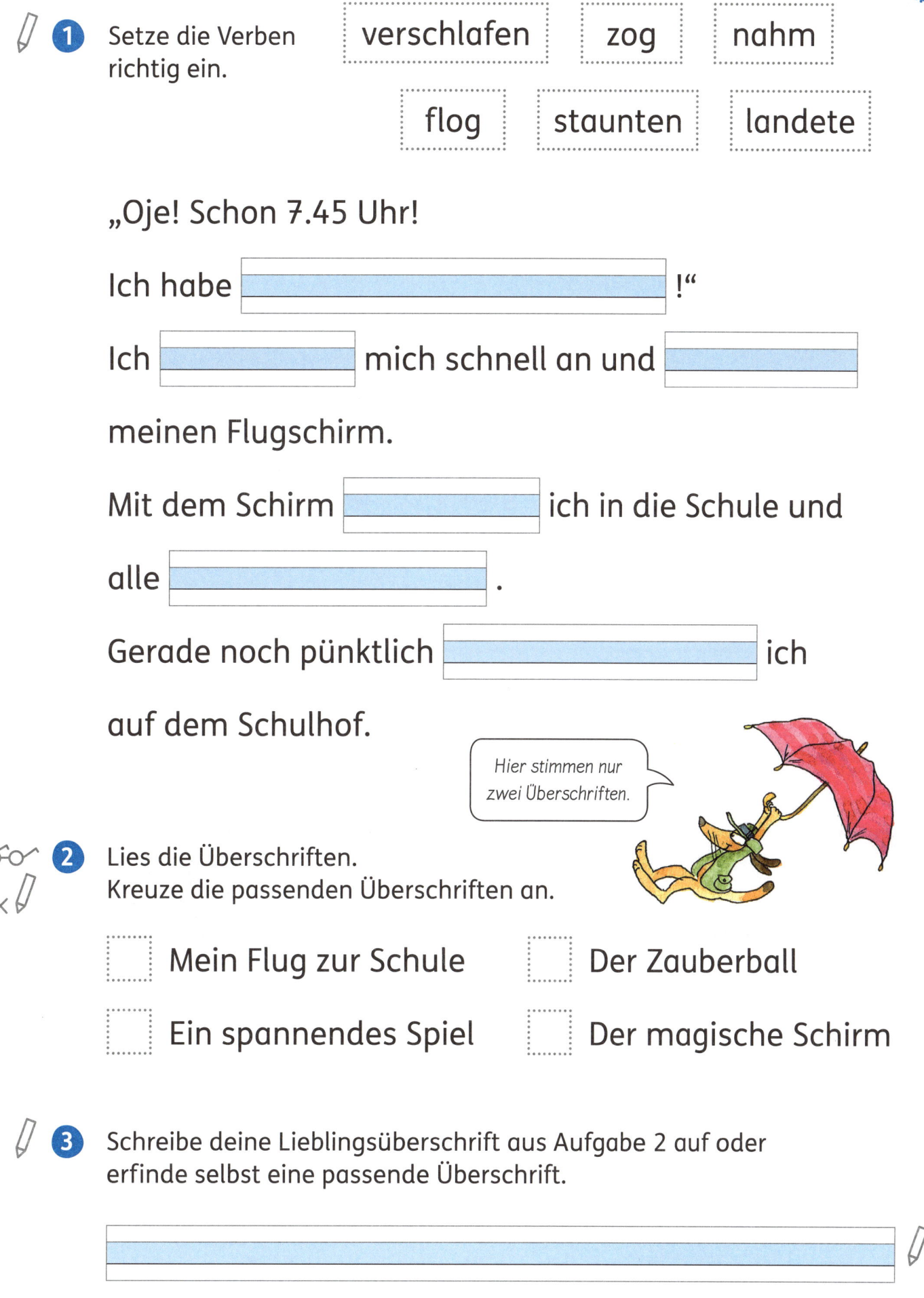

2 Lies die Überschriften.
Kreuze die passenden Überschriften an.

☐ Mein Flug zur Schule   ☐ Der Zauberball

☐ Ein spannendes Spiel   ☐ Der magische Schirm

3 Schreibe deine Lieblingsüberschrift aus Aufgabe 2 auf oder
erfinde selbst eine passende Überschrift.

_____

Der Natur auf der Spur

Wörter mit ss und ß

Nach einem <mark>kurz gesprochenen</mark> Selbstlaut (a, e, i, o, u) oder Umlaut (ä, ö, ü) schreibt man meist <mark>ss</mark>:
ẹssen, kụ̈ssen.

Nach einem <mark>lang gesprochenen</mark> Selbstlaut (a, e, i, o, u), Umlaut (ä, ö, ü) oder Zwielaut (au, ei, eu, ie) schreibt man meist ß:
gro̲ß, grü̲ßen, be̲i̲ßen.

1 Markiere <mark>ss</mark>. Setze einen Punkt (•) unter die kurzen Laute vor **ss**.

Wạ**ss**er speichern, das große Fressen,

der nasse Waldboden, vom Sturm niedergerissen

2 Markiere ß. Setze einen Strich (–) unter die langen Laute vor **ß**.

das gro̲ße Fressen, von fleißigen Ameisen,

die Lichtung schließen, an heißen Tagen

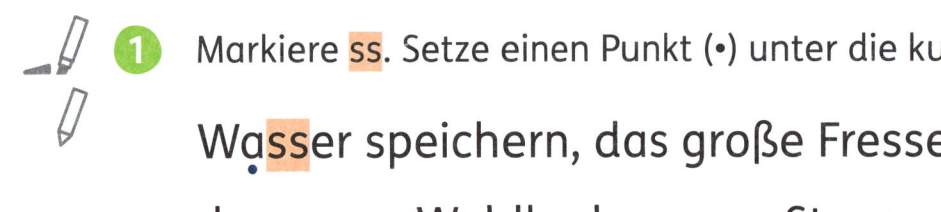

3 Lies.
Setze **ss** und **ß** richtig in den Text ein.

Lebensraum Wald

Der Wald speichert Wa_____er und reinigt die Luft.

Im Herbst beginnt das gro_____e Fre_____en.

Der na_____e Waldboden ist voll von flei_____igen Ameisen.

Bei Sturm werden Bäume niedergeri_____en.

Junge Bäume wachsen nach und schlie_____en die Lichtung.

An hei_____en Tagen bietet der Wald kühle Temperaturen.

Merkwörter mit chs, ks und x (M)

> Ich höre ein **x**, doch ich schreibe ein **chs**, **ks** oder **x**.
> Ich muss mir die Wörter merken:
>
> der Lu**chs**, der Ke**ks**, der Te**x**t.

1 Markiere **chs**, **ks** und **x** in verschiedenen Farben.

| die Axt | der Luchs | die Eidechse | der Dachs |
| der Fuchs | der Keks | das Lexikon | die Hexe |

2 Lies. Setze **chs**, **ks** und **x** richtig ein.

> Die Wörter aus Aufgabe 1 helfen dir.

Ole und Emma gehen in den Wald.

Dort sehen sie einen Lu____ und einen Da____.

Ole schaut in sein Le__ikon, um sich ganz

sicher zu sein.

Plötzlich läuft eine kleine Eide____e über das Buch.

Emma lässt vor Schreck ihren Ke____ fallen.

Ein frecher Fu____ schnappt ihn sich und läuft weg.

Ole und Emma gehen tiefer in den Wald.

An einem Baum liegt eine A__t.

Wem die wohl gehört? Vielleicht einer He__e?

→ SB S. 71

Subjekt und Prädikat

Das Subjekt (Satzgegenstand) ist meistens ein Mensch, ein Ding oder ein Tier.
Das Subjekt erfrage ich mit: Wer oder was tut etwas?

Das Prädikat (Satzaussage) ist immer ein Verb.
Das Prädikat erfrage ich mit: Was tut jemand?

1 Lies die Sätze. Erfrage und markiere jeweils das Subjekt.

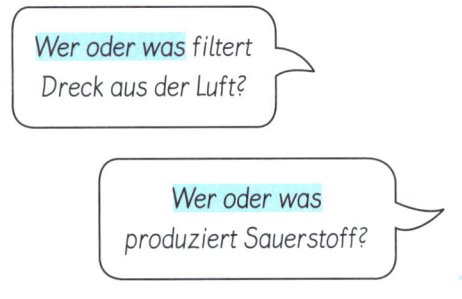

Wer oder was filtert Dreck aus der Luft?

Wer oder was produziert Sauerstoff?

Wer oder was leitet das Wasser in die Blätter?

Wer oder was hält den Baum fest?

Wer oder was gibt dem Baum Nährstoffe?

Die Blätter filtern Dreck aus der Luft.

Sie produzieren Sauerstoff.

Die Äste leiten das Wasser in die Blätter.

Die Wurzeln halten den Baum fest.

Sie geben dem Baum Nährstoffe.

2 Lies die Sätze.
Erfrage und markiere jeweils das Prädikat.

Was tun die Blätter?

Was tun die Äste?

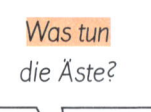

Die Blätter filtern Dreck aus der Luft.

Die Blätter produzieren Sauerstoff.

Die Äste leiten das Wasser in die Blätter.

Die Wurzeln halten den Baum fest.

Die Wurzeln geben dem Baum Nährstoffe.

Was tun die Wurzeln?

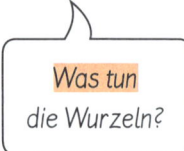

Satzglieder

Subjekt und Prädikat bilden den **Satzkern**.
Alle anderen Wörter sind Satzergänzungen:

Hugo läuft durch den Wald.

 **1** Lies den Satz. Erfrage und
markiere Subjekt und Prädikat.

Wer oder was spielt?

Was tut die Niko-Klasse?

Die Niko-Klasse spielt.

2 Ergänze den Satzkern schrittweise mithilfe der Wortkarten.

im Wald   Verstecken   hinter Bäumen

Die Niko-Klasse spielt _____ .

Die Niko-Klasse spielt im Wald _____ .

Die Niko-Klasse spielt im Wald Verstecken _____

_____ .

3 Schreibe den Satzkern mit allen Satzergänzungen auf.

jeden Abend   im Bett   eine Tiergeschichte

Lotte liest _____

_____

→ SB S. 77   → AH S. 47

Eine Fantasiegeschichte schreiben

 1 Sieh dir das Bild an. Wie beginnt die Geschichte? Kreuze an.

☐ Ole und Mila spielten im Sand.

☐ Ole und Mila gingen durch den Wald.

 **2** Was geschieht in deiner Geschichte? Kreuze an.
Schreibe mit den Stichwörtern weiter.

☐
– entdeckten einen Baum mit Rutsche
– rutschten in den Baum
– dort viele funkelnde Edelsteine

☐
– entdeckten einen Baum mit Augen und Mund
– plötzlich sprach Baum
– vertraute ihnen großes Geheimnis an

32   → SB S. 78/79, 152/153   → AH S. 48/49

3 Welcher Schluss passt zu deiner Geschichte? Kreuze an.

4 Schreibe deinen Schluss auf.

> *Du kannst auch einen eigenen Schluss erfinden.*

- war aufregend
- flogen weit heraus
- gehen morgen wieder hin

- war spannend
- versprachen, niemandem von Geheimnis zu erzählen

5 Wähle eine Überschrift oder erfinde selbst eine passende Überschrift.

Die versteckte Rutsche   Der sprechende Baum

Wörter mit Eu/eu

 **1** Lies.
Markiere **Eu** und **eu** in den Wörtern.

Die Europäische Union

1992 wurde die Europäische Union gegründet.

Befreundete Länder haben sich zusammengeschlossen.

Das ist ein deutliches Zeichen für den Frieden.

Seit 2002 gibt es den Euro.

Auf der Europafahne leuchten 12 Sterne.

Der Europatag wird am 9. Mai gefeiert.

2 Schreibe die Wörter mit **Eu** und **eu** unter die Bilder.

| der Euro | die Scheune | die Eule | das Flugzeug |

3 Markiere **Eu** und **eu** in den Wörtern.

Wörter mit Pf/pf

1 Lies.
Markiere **pf** in den Wörtern.

Kampf für Kinderrechte

Viele Kinder werden Opfer von Gewalt.

Andere Kinder müssen hart arbeiten.

Manche müssen Obst pflücken oder Teppiche knüpfen.

Oft werden Kinder krank, weil ihnen wichtige

Impfungen fehlen.

In unserem Land gibt es auch Eltern, die ihre Kinder

nicht richtig pflegen.

193 Staaten der Erde bekämpfen diese Missstände.

2 Schreibe die Wörter mit **Pf** und **pf** unter die Bilder.

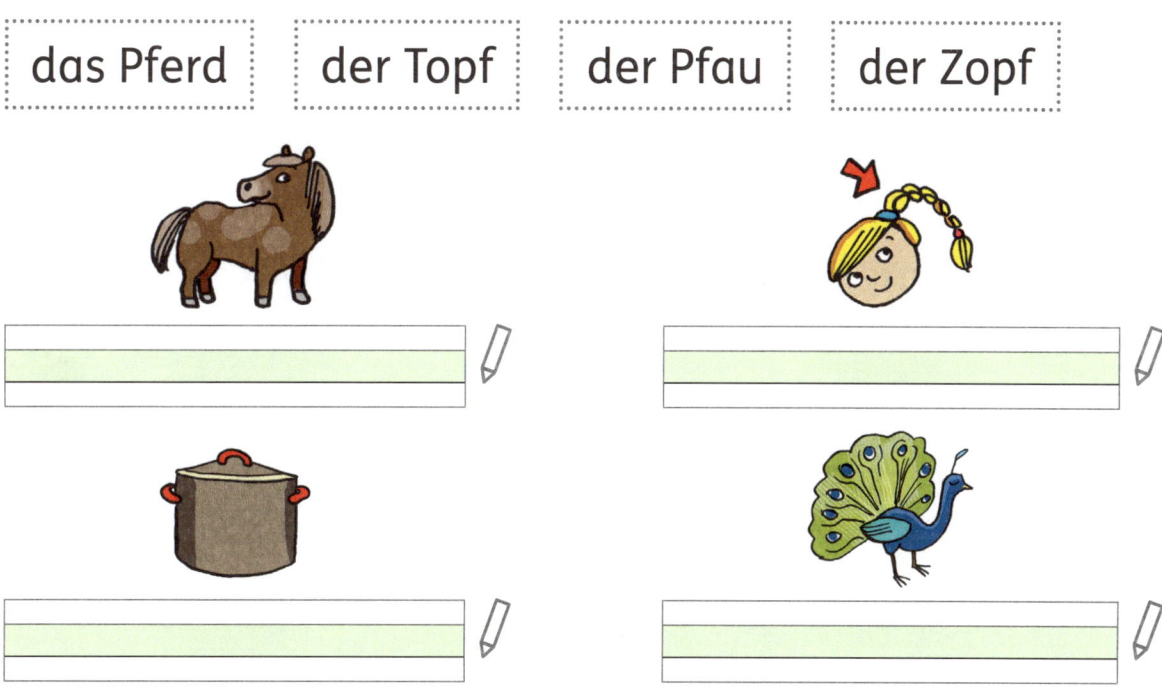

| das Pferd | der Topf | der Pfau | der Zopf |

3 Markiere **Pf** und **pf** in den Wörtern.

→ SB S. 91   → AH S. 55

Zeit- und Ortsbestimmung

Die **Zeit** bestimme ich mit den Fragen: **Wann? Wie lange? Wie oft?**
Den **Ort** bestimme ich mit den Fragen: **Wo? Wohin? Woher?**

Auf der Welt gibt es **heute** 1,8 Milliarden Kinder.

Wo? → **auf der Welt**   **Wann?** → **heute**

  1 Erfrage und markiere die **Zeitbestimmungen**.

Heute lese ich ein Buch.

Wann lese ich ein Buch?

Wann fahren wir in den Urlaub?

Morgen fahren wir in den Urlaub.

Wie oft mache ich Hausaufgaben?

Jeden Tag mache ich Hausaufgaben.

Wie lange treibe ich Sport?

Ich treibe eine Stunde lang Sport.

  2 Erfrage und markiere die **Ortsbestimmungen**.

In der Schule lese ich ein Buch.

Wo lese ich ein Buch?

Im Park gehe ich spazieren.

Wo gehe ich spazieren?

Ali kommt aus der Türkei.

Woher kommt Ali?

Wohin geht meine Schwester?

Meine Schwester geht in den Kindergarten.

1 Setze die Ortsbestimmungen und die Zeitbestimmungen richtig in den Text ein.

in Tokio   in ihrem Zimmer

jeden Monat   jeden Tag

Kaya wohnt _____ .

Kaya hat _____

viele Spielsachen.

Ihre Mutter näht _____ drei Kleider.

Kaya trägt _____ schicke Schuhe.

2 Lies.
Erfrage und markiere die Ortsbestimmungen.

Indira wohnt in Nepal.

In ihrem Haus gibt es nur ein Zimmer.

Auf dem Boden liegt nur eine Matratze.

3 Lies.
Erfrage und markiere die Zeitbestimmungen.

Indira arbeitet sechs Stunden.

Sie macht das seit vier Jahren.

Nach der Arbeit hilft sie ihrer Mutter.

37

Eine Bauanleitung schreiben

So **schreibe** ich eine **Bauanleitung**:
– Ich schreibe auf, welche Materialien ich benötige.
– Ich erkläre Schritt für Schritt, was zu tun ist.
– Ich kann Zeichnungen zur Anleitung anfertigen.

1 So baust du eine Blumentopftrommel.
Schau dir die Bilder der Bauanleitung an.

2 Welche Materialien brauchst du?
Verbinde Wort und Bild richtig.

Blumentopf ○

Pinsel ○

Butterbrotpapier ○

Kleister ○

Schere ○

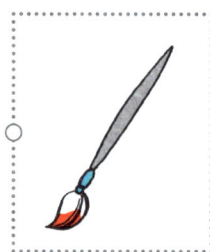

1 Schreibe die Bauanleitung mithilfe der Wortkarten fertig.

| Blumentopf | Kleister | Quadrate | Pinsel |

| Topf | Luftblasen | Rand | 3 Tage |

Bauanleitung für eine Blumentopftrommel

Ich nehme einen _____.

Zuerst rühre ich den _____ an.

Nun schneide ich 6 _____

aus Butterbrotpapier aus.

Mit dem _____ streiche ich Kleister

auf die Blätter.

Dann lege ich die Blätter versetzt auf den _____.

Ich streiche vorsichtig die _____ aus.

Jetzt klebe ich das überstehende Papier am

_____ des Topfes fest.

Zum Schluss trage ich noch eine Schicht Kleister auf.

Die Trommel muss _____ trocknen.

Unsere Erde, unser Zuhause

Fehlertexte

So **überarbeite** ich **Fehlertexte**:

 Schwingen: To ma te

 Ableiten: Bäume → Baum

(M) **Merkwörter**

 Verlängern: Berg → Berge

(Aa?) **Groß oder klein?**

Wenn ich ein Wort nicht weiß, schlage ich im Wörterbuch nach.

Schwingen

 **1** Zeichne die Silbenbögen.

Sonne   Erde   Mond   Sterne

Sonnenlicht   Erdkugel

Mondschatten

> *In jeder Silbe steckt ein Selbstlaut.*

Groß oder klein?

  2 Welche Wörter werden großgeschrieben?
Setze die Buchstaben richtig ein.

S oder **s** ?:   die __onne, __andig

E oder **e** ?:   __ssen, die __rde

R oder **r** ?:   __und, die __akete

M oder **m** ?:   der __ond, __atschig

> *Nomen erkenne ich an ihrem Artikel.*

1 Setze **ä** und **äu** richtig in die Wörter ein.

der Glitzerb**au**m → die Glitzerb____me

der Himmelstr**au**m → die Himmelstr____me

die Sternenn**a**cht → die Sternenn____chte

Verlängern

2 Verlängere die Wörter. Setze dann die Buchstaben richtig ein.

d oder **t**?: der Plane____ – die Plane____en

d oder **t**?: das Bil____ – die

g oder **k**?: der Anzu____ – die Anzü____e

g oder **k**?: der Flu____ – die

Fehlertexte

3 Lies den Text. Erkläre die Fehler.

Mila schaut aus dem <u>Fenstr</u>.

Es gibt kein <u>sonnenlicht</u> mehr.

Über den <u>Beumen</u> funkeln Sterne.

Der <u>Mont</u> leuchtet hell dazu.

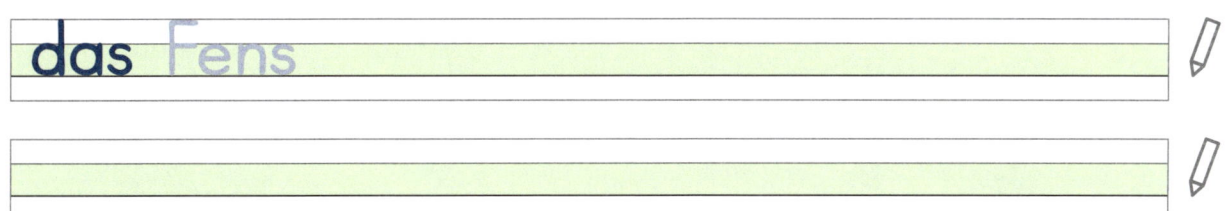

4 Schreibe die Fehlerwörter aus Aufgabe 3 richtig auf.

das Fens

41

Eine Reizwortgeschichte schreiben

Reizwörter sind vorgegebene Wörter, die in meiner Geschichte vorkommen müssen.
Ich entscheide über die Reihenfolge der Wörter.

 1 Schau dir die Bildergeschichte an. Erzähle.

2 Schreibe die passenden Stichwörter unter die Reizwörter.

Wald   glitzert   kalt   Scheinwerfer

Lichtung   hell   dunkel   Traum

Rucksack	Raumschiff
– Wald	– glitzert

3 Setze die Reizwörter und Stichwörter aus Aufgabe 2 richtig ein.

Ali und Mila gehen in den _____ .

Dort ist es _____ und _____ .

Auf einer _____ entdecken sie

einen _____ .

Sie öffnen ihn ganz vorsichtig.

Plötzlich schwebt ein _____

aus dem Rucksack und wird immer größer.

Es schaltet seine _____ an.

Nun wird es rundherum ganz _____ .

Alles _____ .

Doch plötzlich ist das Raumschiff verschwunden.

War alles nur ein _____ ?

4 Wähle eine Überschrift oder erfinde selbst eine passende Überschrift.

☐ Der magische Rucksack   ☐ Besuch aus dem All

☐ Ein Wald voller Sterne   ☐ Ein seltsamer Traum

☐ _____

Zu einem Bild schreiben

 1 Schau dir das Bild genau an. Erzähle.

2 Kreuze an, welche Stichwörter zum Bild passen.

☐ unentdeckter Planet

☐ Wasser aus Zuckerwatte

☐ rosa Wolken

☐ riesig und grün

☐ Außerirdischer

☐ Häuser auf zwei Beinen

☐ viele Bäume

3 Denke dir eigene Stichwörter zum Bild aus. Schreibe sie auf.

1 Schreibe mithilfe der Stichwörter die Geschichte zum Bild.

All	Raumschiff	Planeten	Außerirdische

Hand	frei	Erde

Ein Abenteuer im ▭

Timo und Emma spielen am Nachmittag in der Garage.

Dort entdecken sie unter einer silbernen Plane ein

▭ .

Sie steigen ein und landen auf einem unentdeckten

▭ .

Dort gibt es Häuser auf Beinen und riesige grüne

▭ . Sie werden von

einem Außerirdischen gefangengenommen.

Er ist so groß, dass er die beiden in einer ▭

halten kann. Timo schenkt ihm seinen Glücksbringer.

Zum Dank lässt der Außerirdische sie ▭ .

Schnell steigen die Kinder in ihr Raumschiff und

fliegen zurück auf die ▭ .

Bücherwurm und Computermaus

Werbung ausdenken und gestalten

 1 Wo ist dir schon Werbung begegnet?
Kreuze an.

 2 Schau dir das Bild an.
Mit welchen Adjektiven kannst du für das T-Shirt werben?
Kreuze an.

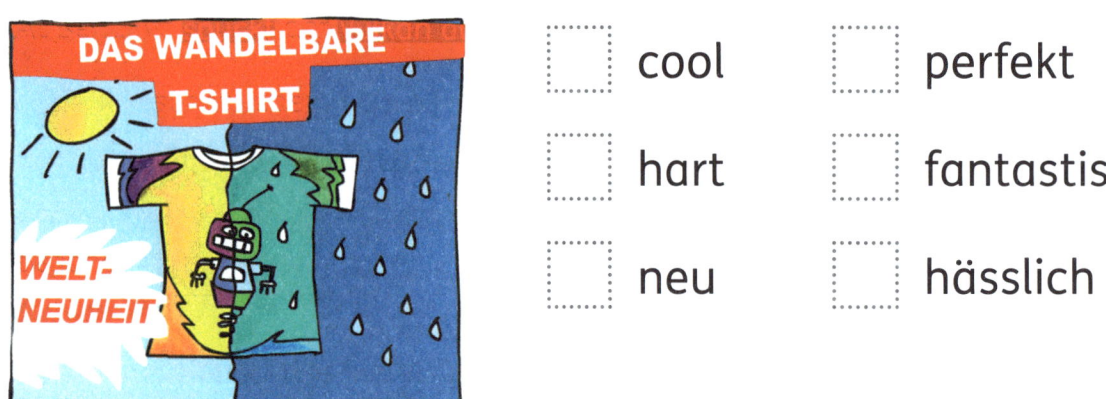

☐ cool   ☐ perfekt

☐ hart   ☐ fantastisch

☐ neu   ☐ hässlich

> Du kannst dir auch neue Adjektive ausdenken.

 3 Wie könnte dein Werbespruch
für das T-Shirt lauten?
Schreibe die Sätze fertig.
Die Adjektive aus Aufgabe 2 helfen dir.

Kauft dieses _____ T-Shirt!

Es ist das _____ T-Shirt der Welt!

Teekesselchen

Teekesselchen sind Wörter mit einer doppelten Bedeutung:

ein Bienenstich

ein Stück Bienenstich

 1 Welche Bilder haben denselben Namen?
Verbinde.

die Drachen

die Fliege

die Birne

 2 Welches Teekesselchen verbirgt sich hinter den Beschreibungen?
Schreibe die Antwort darunter.

Er ist ein Teil des Bestecks.

Der Hase kann damit hören.

→ SB S. 125 47

Einen persönlichen Steckbrief schreiben

1 Was passt zu dir? Kreuze an.

> *Du kannst auch eigene Wörter schreiben.*

Haarfarbe:
- ☐ braun
- ☐ blond
- ☐ schwarz
- ☐ rot
- ☐ _____

Augenfarbe:
- ☐ braun
- ☐ blau
- ☐ grün
- ☐ grau
- ☐ _____

Besondere Merkmale:
- ☐ Brille
- ☐ Hörgerät
- ☐ Sommersprossen
- ☐ _____

Lieblingsessen:
- ☐ Pizza
- ☐ Nudeln
- ☐ Eierkuchen
- ☐ _____

Lieblingsgetränk:
- ☐ Tee
- ☐ Limo
- ☐ Wasser
- ☐ Cola
- ☐ _____

Lieblingsfarbe:
- ☐ rot
- ☐ gelb
- ☐ grün
- ☐ blau
- ☐ _____

2 Welche Hobbys hast du? Schreibe sie auf.

_____

_____

 1 Schreibe deinen Steckbrief.

Name:	
Adresse:	
Geburtstag:	
Haarfarbe:	
Augenfarbe:	
Besondere Merkmale:	
♥-Essen:	
♥-Getränk:	
♥-Farbe:	
♥-Schulfach:	

Fällt dir noch was ein?

Texte überarbeiten

So überarbeite ich Fehlertexte:

〰 **Schwingen:** To ma te

↷ **Verlängern:** Berg → Berge

↯ **Ableiten:** Bäume → Baum

Aa? **Groß oder klein?**

Ⓜ **Merkwörter**

Wenn ich ein Wort nicht weiß, schlage ich im Wörterbuch nach.

---

1 Schreibe die Wörter richtig daneben.

die Plätze ↯

die seiten Aa?

die Werbunk ↷

zusammn 〰

....

2 Lies den Text.

Besuch bei der Morgenpost

↷ Am Montag lernten wir die Berufe bei einer <u>Zeitunk</u> kennen.

↷ Die Redakteure besprachen die Ausgabe für den nächsten <u>Tak</u>.

Ⓜ Danach gingen alle an ihre <u>Komputer</u> und schrieben ihre Artikel.

Aa? Die Redakteure für Bilder suchten die <u>fotos</u> aus.

〰 Danach gingen wir in die <u>Hall</u> mit den Druckmaschinen.

3 Schreibe die Fehlerwörter aus Aufgabe 2 richtig auf.

die Zeitung,

Langes i ohne Markierung (M)

Bei manchen Wörtern höre ich ein langes **i**, schreibe aber nur **i**.
Ich muss sie mir merken: die Rosine, die Gardine, ...

1 Lies die Reime laut vor.
Markiere das **i** in den unterstrichenen Wörtern.

Der Pingu<mark>i</mark>n pickt die Ros<mark>i</mark>nen,

der Delf<mark>i</mark>n verschlingt Sard<mark>i</mark>nen.

Der Biber spielt gern Viol<mark>i</mark>ne,

Niko isst 'ne Apfels<mark>i</mark>ne.

2 Setze das **i** in die Wörter ein.

Das N__lpferd liebt ein Krokod__l,

im K__no hören sie Mus__k vom N__l.

3 Markiere das **i** in den Wortkarten.

| die Kus<mark>i</mark>ne | die Kabine | die Kantine | die Margarine |

4 Setze die Wörter aus Aufgabe 3 richtig in die Sätze ein.

Niko fährt mit dem Schiff zu seiner _____ .

Er schläft in einer kleinen _____ .

Zum Frühstück geht er in die _____ .

Dort isst er Brötchen mit _____ .

→ SB S. 129   → AH S. 72

Durch das Jahr

Feste und Feiertage

1 Verbinde, was zusammengehört.

Tag der Deutschen Einheit

Martinstag

Halloween

Maifeiertag

31. Oktober

3. Oktober

1. Mai

11. November

2 Trage die Feste und Feiertage richtig ein.

Der _____ _____ ist seit 1990 der Nationalfeiertag der Deutschen.

Am _____ wird schon seit über hundert Jahren der Tag der Arbeit gefeiert.

Zu _____ höhlen wir Kürbisse aus, verkleiden uns und feiern gruselige Partys.

Am _____ machen wir Laternenumzüge und gedenken des heiligen Martin.

Winter: Eine Mindmap erstellen

1 Was gefällt dir am Winter?
Wähle und schreibe vier Wörter in die Mindmap.

| Eislaufen | Schnee | Weihnachten |

| Silvester | klare Luft | rodeln |

Winter ☺

2 Was gefällt dir am Winter nicht?
Wähle und schreibe vier Wörter in die Mindmap.

| kalt | dunkel | nass |

| Matsch | frieren | Glatteis |

> Fällt dir selbst je ein Wort ein?

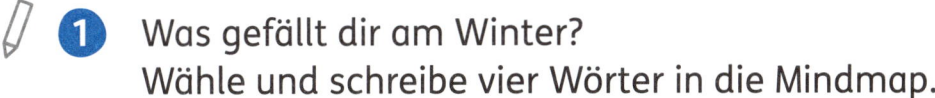

Winter ☹

→ SB S. 139 53

Frühling: Elfchen schreiben

Ein **Elfchen** besteht aus **elf** Wörtern und fünf Zeilen:
- 1. Zeile: ein Wort
- 2. Zeile: zwei Wörter
- 3. Zeile: drei Wörter
- 4. Zeile: vier Wörter
- 5. Zeile: ein Wort

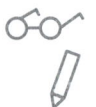

1 Lies. Nummeriere die Zeilen des Gedichts.

1.		Blütenmeer		
	Vögel	zwitschern		
	die	Sonne	lacht	
	Frösche	quaken	am	Teich
		Frühling		

2 Male jede Zeile in Aufgabe 1 in einer anderen Farbe an.

3 Schreibe das Elfchen aus Aufgabe 1 Zeile für Zeile auf.

1. Blütenmeer

2.

3.

4.

5.

Sommer: Gedicht vortragen

1 Lies die Gedichtzeilen.
Verbinde Bild und Gedichtzeile richtig.

Sommer

großes Meer

die Sonne lacht

ich schwimme im Wasser

glücklich

> *Du kannst das Gedicht auswendig lernen.*

 2 Male alle Bilder aus.

 3 Trage das Gedicht betont vor.

Zeitformen und Texte

Zeitformen

Verben (Tunwörter) geben an, in welcher **Zeit** etwas geschieht.
Passiert es gerade jetzt, steht das Verb in der **Gegenwart**.
Gegenwart (jetzt): ich lerne, ich laufe

Ist etwas schon passiert, steht das Verb in der **Vergangenheit**.
Vergangenheit (früher): ich lernte, ich habe gelernt
ich lief, ich bin gelaufen

Passiert etwas später oder in nächster Zeit, steht das Verb
in der **Zukunft**.
Zukunft (später): ich werde lernen, ich werde laufen

Texte schreiben

So **schreibe** ich eine **Geschichte**:
– Ich überlege:
  · **Wer** spielt in der Geschichte mit?
  · **Wo und wann** spielt die Geschichte?
– Ich halte die Zeitform ein.
– Ich schreibe in der richtigen Reihenfolge auf, was passiert.
– Ich finde eine lustige oder spannende Überschrift.

Fehlertexte überarbeiten

So **überarbeite** ich **Fehlertexte**:

ⓦ **Schwingen**: To ma te   ↪ **Verlängern**: Berg → Berge

⚡ **Ableiten**: Bäume → Baum   🅰 **Groß oder klein?**

Ⓜ **Merkwörter**   Wenn ich ein Wort nicht weiß, schlage ich im Wörterbuch nach.